INSTRUCTION,

POUR Louis MICHELOT de Mauléon,

CONTRE Pierre MICHELOT des Hameaux de la même Ville.

L'ADVERSAIRE travaille pour dépouiller l'Exposant d'une maison & d'un Jardin donnés, il y a aujourd'hui plus de soixante-dix ans, à l'aïeul de ce dernier, en payement de ses droits de légitime, ou d'une constitution telle qu'elle, qui lui avoit été faite par son frere aîné, & d'une somme que l'aïeul de l'Exposant paya à un créancier de la maison. Il a succombé devant le premier Juge, & il s'est rendu appellant de la Sentence en la Cour. Il y a déja deux écritures de la part de l'Adversaire & une de la part de l'Exposant; le premier a si fort surchargé la discussion par la seconde, que l'Exposant se trouve obligé de faire imprimer sa réplique. La cause mérite ce soin de sa part, à raison de son importance pour lui, & l'on peut dire qu'elle le mérite d'avantage pour l'intérêt commun du pays de Soule, par la nouveauté du système de l'Adversaire, qui, s'il étoit accueilli, n'iroit pas à moins qu'à rendre les propriétés incertaines durant des siècles entiers.

Il faut sans doute ici une narration pour mettre à portée de connoître l'état des questions qui doivent être traitées.

NARRATION.

Pierre Michelot aïeul de l'Exposant, fils cadet de la maison de Michelot des hameaux de Mauléon, fût marié avec Marie Gojty

A

par Contract du 21 Avril 1714. Pierre Michelot son frere aîné lui constitua en dot, & pour ses droits de légitime paternels & maternels une somme de 225ᵗ.

Il y avoit dans le bien de la famille une autre maison située dans la Ville de Mauléon, à laquelle on avoit aussi donné le nom de Michelot, laquelle étoit possédée ou jouie en 1714 par les nommés Laborde & Marie Ménauton conjoints, en vertu de deux actes publics des années 1690 & 1701. L'aïeul de l'Exposant leur paya ce qui leur étoit dû consistant en la somme de 172ᵗ 10ſ; en conséquence de quoi ils lui cédèrent leurs droits par acte public du 7 Novembre 1714.

Par le même acte Pierre Michelot l'aîné vend, est-il dit, sous faculté de rachat, pour 41 ans à l'aïeul de l'Exposant lad. maison de Michelot, pour le prix de 300ᵗ, laquelle somme imputée sur celle de 172ᵗ 10ſ à lui dûe suivant la cession contenue dans le même, & celle de 225ᵗ pour raison de la constitution dotale; l'aïeul de l'Exposant demeura créancier de celle de 97ᵗ 10ſ que l'aîné promit lui payer avec l'intérêt.

On vécut dans cet état jusqu'au 14 Février 1745, qu'il fut passé un nouvel acte public entre Eloi propriétaire de la maison de Michelot des hameaux & Pierre Michelot Tisserant, tous deux fils des contractans en 1714, & qui étoient les peres des Parties plaidantes aujourd'hui.

Par cet acte on rappelle celui du 7 Novembre 1714, & l'on dit qu'alors ni depuis, il n'avoit pas été fait de dévis de l'état de la maison; qu'Eloi Michelot étant en droit d'exercer le retrait de la maison située dans la ville, les Parties, pour éviter les différens qui pourroient naître, s'étoient informés des anciens de l'état dans lequel pouvoit être lad. maison en 1714, & qu'il étoit résulté des instructions, & de l'estimation qu'on avoit fait faire, que lad. maison étoit en 1714 de valeur de la somme de 142ᵗ 11ſ 6δ, & là-dessus Eloi Michelot déclare, vouloir que ce que lad. maison pourra être estimée de plus lors du rachat, soit reconnu pour augmentation au possesseur.

Il est dit ensuite que Pierre Michelot étant résolu de demander à Eloi un supplément de la légitime de son pere, Eloi lui reconnoît pour raison de ce une somme de 120ᵗ, de laquelle Pierre Michelot se contente, & cette somme demeure à Eloi en augmentation de somme sur la maison de Michelot de la ville (ce sont les expressions) avec un autre somme de 75ᵗ que Pierre Michelot y ajouta, & paya au moyen d'une cession.

L'acte est terminé par une clause conçue en ces termes:

Bien entendu , & par acte entre Parties convenu , que nonobstant le préfent acte la prefcription de lad. maifon de Michelot courra de la date du fufd. Contract du 7 Novembre 1714 , fans aucune novation ».

Cette maifon étoit parvenue à l'Expofant , & il en jouiffoit paifiblement lorfqu'il plût à l'Adverfaire de le troubler, par la fignification d'une Requête qu'il préfenta à la Châtellenie de Soule le 8 Février 1786. Il prétendit avoir droit de retirer cette maifon avec le Jardin en dépendant, foit par retrait lignager, attendu leur nature avitine, foit par faculté de rachat, il avoit, dit-il, commencé à préparer fon action par un acte extrajudiciaire ; il y avoit environ trois mois, mais que l'Expofant & fa mere qui vivoit encore alors, inftruits de fes difpofitions, s'étoient occupés à prévenir toute pourfuite en faifant des offres de fonds & d'argent qu'il n'avoit pas trouvé fuffifantes.

En attendant, dit-il, le temps de la prefcription eft venu à s'écouler prefque jufques au jour fatal, de forte qu'il eft obligé de recourir à l'autorité de la Juftice, pour demander une prerogation ; en abrégeant le délai de neuf jours fixé par la coutume pour la re préfentation des titres juftificatifs de la poffeffion. Làdeffus il demanda & obtint la permiffion de fommer l'Expofant & fa mere de faire l'exhibition defd. titres , dans trois jours , attendu les circonftances, & d'ors & déjà il conclut au délaiffement, à la charge du rembourfement, cependant ordonner qu'aucun terme fatal ne courra à fon préjudice depuis la fignification de lad. Requête.

L'Expofant & fa mere ayant répondu à cette Requête par acte du 11 du même mois, l'Adverfaire leur fit faire le 13, exhibition d'une fomme de 600ᵗ pour y prendre leurs prétentions, eft-il dit ; & pour le rembourfement des loyaux coûts, ils offrirent une caution ; le lendemain 14 la confignation fut faite & la caution reçue à l'Audience.

Dans l'inftruction, qui a été faite bien diligemment, l'Expofant & fa mere ont d'abord oppofé la prefcription de la faculté de rachat ; enfuite ils demanderent la réformation de l'appointement du 8 Février, & la caffation de l'acte d'exhibition & de l'affignation, déclarer enfin l'Adverfaire non-recevable & mal fondé ; & fubfidiairement déchu du retrait.

Par la Sentence dont eft appel qui eft du 4 Août 1786, le premier Juge, fans s'arrêter à chofe dite ou alléguée par l'Adverfaire, ni à fon acte d'exhibition, ni à fa confignation, le déclare non-recevable & mal fondé dans fon action en retrait lignager &

demande en délaiffement de la maifon dont il s'agit; relaxe l'Expofant de cette demande; moyennant ce, déclare n'y avoir lieu
de prononcer fur l'oppofition ni fur la réformation de l'appointement du 8 Février, ni fur la caffation d'oblation & affignation du
13 dud. mois de Février, condamne l'Adverfaire aux dépens.

Sa première écriture en la Cour eft affez fimple, c'eft par la
feconde, qu'il a donné à la caufe une grande étendue; l'Expofant
avoit établi trois propofitions, l'Adverfaire en les contrédifant a
augmenté le nombre des queftions, & fans les diftinguer, comme
c'eft l'ufage, l'Expofant fuivra fa méthode, parce qu'elle rend la
difcuffion plus claire, & que c'eft un foulagement pour les lec-
teurs. Il n'annoncera point ces queftions par avance, ce ne fera
qu'à méfure qu'il devra les traiter.

PREMIERE QUESTION.

Le retrait lignager peut-il avoir lieu fur un Con-
tract contenant dation d'immeubles en paye-
ment des droits de légitime ?

Voilà la première queftion que l'Expofant avoit traitée, met-
tant à l'écart celle de l'avitinage de la maifon dont il s'agit, il con-
tinuera à en ufer de même.

Sur cette queftion l'Expofant a mis la négative en propofition,
& il a pofé deux principes; l'un que tout premier acte paffé entre co-héritiers eft effentiellement un partage, quelque nom que
les Parties lui ayent donné, vente, échange ou tranfaction, & à
l'appui il a cité Lapeyrere & fon Apoftillateur lettre P, nom. 5,
ajoutant que ce dernier cite lui-même Mornac, Bretonier fur Hen-
ris, Coquille & nombre d'autres Ecrivains. Il a cité auffi un Arrêt que l'Apoftillateur rapporte à la page 368 fous la même lettre.

L'autre principe eft, que parmi nous le retrait n'a point lieu
fur le tranfport des fonds qui font faits aux légitimaires en payement de leurs légitimes, quoique fixées en argent, & il a cité pour
l'établir cinq Arrêts par leurs dates, pris des recueils de nos anciens Avocats.

L'Adverfaire ne difconvient pas du premier principe, mais il
veut en borner l'application au cas où le réglement de la légitime
& le payement font faits par le même acte, & parce que dans le
Contract de mariage de Pierre Michelot cadet du 21 Avril 1714,
fon frere aîné lui avoit conftitué la fomme de 225ᵗᵗ pour fes droits
de légitime, & que le payement ne lui en fut fait que par l'acte
du

du 7 Novembre suivant , même à titre de vente ; il veut que cela fasse une hypothèse différente & que le principe ne soit pas applicable , il accuse même l'Exposant d'avoir abusé de l'Arrêt qui se trouve dans Lapeyrere à la page 348 , mais il est bien aisé de faire voir que la distinction de l'Adversaire est illusoire.

Il faut pour cela poser un autre principe. C'est qu'on ne peut pas dire qu'il y ait de vrai partage entre co-héritiers , ou , pour parler selon nos mœurs , entre un heritier & ses légitimaires , s'il n'a été fait regulièrement , en sorte que l'action en partage subsiste encore après , pour en demander un nouveau ou faire réformer celui qui a été fait. Ce principe est puisé dans la loi 3ᵉ. au Code *Communia utriusque judicii* , qui accorde cette faculté aux majeurs aussi bien qu'aux mineurs : en conséquence de ce principe , la Cour a rendu une infinité d'Arrêts , par lesquels elle a admis la demande des légitimaires en composition de masse & le réglement juste de leurs droits ; nonobstant des réglemens antérieurs faits entre les freres & sœurs , par la raison qu'il ne paroissoit pas qu'il y eût été procédé en règle , même après divers actes , par lesquels il avoit été traité sur la lésion du premier réglement ; mais sans avoir vérifié par une procédure regulière en quoi pouvoit consister la lésion. Cette Jurisprudence si bien établie a servi de fondement au Réglement fait par la Cour , Chambres assemblées , le 5 Juillet 1776 pour la Navarre , par lequel elle a établi que dans le cas où la légitime des cadets n'aura point été réglée par le pere ou par la mere ; mais seulement par un accord fait entre l'aîné & ses cadets , sans composition d'hoirie , les cadets auront l'action en supplément de légitime durant 30 ans depuis la date de ce réglement , & que l'énonciation d'une composition de masse détaillée , à l'assistance des proches , insérée dans l'acte de réglement fait entre l'aîné & les cadets , ne pourra être opposée à ceux-ci , quand même les proches seroient désignés dans led. acte & l'auroient signé , à moins que la procédure d'estimation circonstanciée des biens faite devant les proches , ne paroisse en forme probante , avec l'acceptation des cadets.

Ce Réglement fût provoqué par le Syndic Général de la Navarre Françoise ; il en contient la preuve ; & l'on a déjà dit que la Jurisprudence étoit auparavant établie pour le Béarn , qui , à raison de son étendue , fournit incomparablement plus d'affaires que la Navarre & la Soule ensemble , il ne faut pas douter que la Cour n'eût fait un pareil Réglement pour la Soule , si elle avoit été mise à portée de le faire , puisque le principe qui en est la règle & le fondement , n'est pas dans une disposition de la cou-

B

tume de Béarn , ni dans celle de Navarre ; mais qu'il eft puifé dans le Droit Romain qui fait loi en Soule comme ailleurs , & l'on voit dans Lapeyrere au premier endroit cité , que le principe eft le même par toute la France fuivant le grand nombre des Auteurs qui y font cités.

Il fuit de ce principe que depuis l'acte du 21 Avril 1714 , comme auparavant , l'aïeul de l'Expofant avoit encore l'action de partage au moyen de quoi on ne peut pas dire que fon fort ou fa condition fût déterminemment fixée par cet acte , & qu'il ne fût que créancier de fon frere en la fomme de 225ᵗ , puifqu'il étoit encore en droit de demander le réglement de fa légitime , cela fut reconnu en effet par l'acte de 1745 , par lequel Eloi Michelot reconnut au pere de l'Expofant un fupplément de 120ᵗ.

Il ne feroit pas après cela néceffaire de répliquer à ce que l'Adverfaire a dit fur l'ufage que l'Expofant fait de l'Arrêt cité dans Lapeyrere qui avoit été rendu entre les nommés Cafalis & Sarramia de Bayonne. L'Expofant n'a rien fuppofé , il a rendu l'efpèce de l'Arrêt telle qu'elle fe trouve dans l'ouvrage de l'Auteur. Il eft vrai qu'il n'y eft pas dit textuellement que les droits de la femme de Sarramia euffent été fixés par un acte antérieur à celui qui contient la vente du fonds donné en payement fous le titre de vente ; mais on ne peut douter raifonnablement que cette fixation ne fût antérieure , puifqu'avant de penfer au payement , il faut fçavoir en quoi la dette confifte ; ce qui rend l'exemple conféquent , c'eft le tranfport du fonds appellé Lavignote , non à titre de *portion héréditaire* , mais à titre de vente avec un retour de 600ᵗ pour le beaufrere de Sarramia , ce qui fit juger que le fonds étoit avitin fur la tête de la femme de ce dernier , & qu'il ne pouvoit être compris dans la difpofition que celle-ci avoit fait de tous fes biens au profit de fon mari.

Les Arrêts que l'Expofant a cités à l'appui du fecond principe pofé dans fa première écriture font des plus conféquens , le premier dans l'ordre de la citation eft du 28 Mai 1701. Il jugea qu'un rétrayant n'étoit pas recevable dans le rétrait lignager du fonds donné à fon frere en payement de la légitime que le pere commun avoit réglé en deniers , les autres quatre , dont pour abréger on ne rappelle point les dates , ont également jugé la fin de non-recevoir contre le retrait des fonds tranfportés en payement des légitimes auparavant reglées en argent.

L'Adverfaire a accordé l'exiftence de ces Arrêts , c'eft-à-dire , qu'on en a bien rendu l'efpèce & la décifion , & nonobftant cet aveu , il ofe dire , qu'ils font inapplicables , foit , dit-il , par ce qu'on trouve dans Lapeyre lettre R, n. 153, & dans bien d'autres endroits, soit par ce que la coutume de Soule en atteste elle-même à l'art. 1er. de la Rub. des recrubis.

Il y a sans doute là quelque omission d'écriture, mais on n'a pas cru devoir rien y changer ni suppléer.

On a vû Lapeyre lettre R, n. 153, & l'on ne sçauroit comprendre comment l'Adversaire a pû penser de pouvoir tirer quelque avantage de ce qu'il contient. Ce nombre, ou cet article porte, que si l'acquereur est lui-même lignager, un pareil en degré que lui ne pourra point demander de retenue, mais que si l'acquereur est plus éloigné, l'autre aura le retrait.

Cela est sans difficulté dans toutes les coutumes qui veulent que les plus proches en degré puissent retirer les héritages vendus à d'autres proches qui sont plus éloignés qu'eux, mais cela a-t-il quelque rapport à notre question où il s'agit, non d'une vente proprement dite, mais d'une dation en payement des droits héréditaires & mal à propos qualifiée du titre de vente suivant la doctrine ramenée ci-dessus, à laquelle l'Adversaire est forcé de rendre hommage ?

Pour venir à son objet d'écarter les Arrêts cités, & de trouver le fondement d'un droit particulier dans la Coutume de Soule, l'Adversaire dit, qu'on distingue entre les coutumes & l'objet qu'elles se proposent; les unes adjugent indifféremment, dit-il, le retrait au proche le plus diligent, & elles sont satisfaites lorsque le bien avitin se conserve encore dans la famille. Tel est, ajoute-t-il, l'esprit de la Coutume de Béarn, de même que des Arrêts déjà cités. Il poursuit en disant que d'autres Coutumes bornent la faculté du rétrait lignager à la seule personne du plus proche. Il paroît, ajoute-t-il encore, par ce qu'en rapporte Lapeyrere à l'endroit qu'on vient de citer, que c'est assez le cas de la Coutume de Bordeaux d'où dépendoit autrefois la Soule, puisqu'on n'y admet point la maxime *lignager* sur *lignager*, &c. & qu'on y trouve au contraire qu'il n'est pas juste qu'un acquereur puisse renvoyer un lignager plus proche que lui. Enfin l'Adversaire assure qu'il n'est aucune Coutume où cette restriction & ce privilège exclusif soient aussi marqués que dans celle de *Soule*, & là-dessus il ramene le texte de l'art. 1er.

Il faut qu'il ait pensé & réflechi long-temps, pour enfanter cette idée; quel dommage que toute sa peine n'ait produit que du vent ou une véritable chimère.

Il est hors de doute qu'il y a des Coutumes qui ne veulent pas que le rétrait lignager ait lieu, lorsque quelque héritage a été

vendu à un proche de la ligne en quelque dégré qu'il foit, ni
même lorfque l'acquereur a femme ou enfans qui font de la ligne, fauf à exercer le rétrait, fi par la défaillance de ces proches,
l'héritage devoit paffer à des étrangers. Il en eft d'autres qui dans
l'exercice du rétrait préferent le proche le plus diligent, quoiqu'il
ne foit pas le plus proche en dégré, d'autres qui veulent que le
plus proche foit préféré au plus diligent s'il vient entre la bourfe
& les deniers, mais non après que le rétrait eft confommé; d'autres enfin qui permettent au plus proche d'exercer le rétrait, tandis que cette action fubfifte, fur un proche mais plus éloigné,
foit qu'il foit acquereur lui-même, ou qu'il ait rétrait d'un autre.

La Coutume de Soule n'a point de difpofition précife pour aucun de ces cas; fa difpofition eft bornée à appeller tous les proches de dégré en dégré, c'eft-à-dire, que les plus éloignés peuvent agir & obtenir le rétrait, fi les plus proches demeurent dans
l'inaction, ce qui prouve que l'Adverfaire a eu grand tort de
vouloir concentrer l'exercice du rétrait dans la perfonne du plus
proche contre le droit commun & général, qui l'accorde à tous
fans exception, fans préjudice de la préférence à donner aux plus
proches s'ils veulent en ufer, & l'erreur de l'Adverfaire eft bien
matérielle, puifqu'on trouve dans l'article même qu'il a tranfcrit,
& fur lequel il a fondé fa propofition, ces expreffions que *lou*
plus prochen à fuccedir deu venedour de dégré en dégré peut exercer
le rétrait, ces mots *de dégré en dégré* fignifient manifeftement
que tous les proches font appellés & font en droit d'exercer ce rétrait, mais fucceffivement, c'eft-à-dire, les plus éloignés au dé-
faut des plus proches.

C'eft donc par une imagination totalement erronnée que l'Adverfaire a voulu trouver dans la Coutume de Soule une affectation plus grande en faveur du plus proche qu'il n'y en a dans les
autres Coûtumes; ou la plus grande partie, & écarter par ce
moyen l'application des Arrêts rendus dans la Coûtume de Béarn;
celle-ci a même mieux marqué la préférence qu'elle entend donner au plus proche, par l'art. 15 de la Rub. des Contracts, qui
veut que lorfqu'il n'y a qu'un demandeur en rétrait, il donne
caution, qu'un autre n'y viendra pas, ou n'attaquera point pour
raifon de ce l'acquereur, ou que fi cela arrive, le rétrayant pren-
dra fa défenfe. Sur quoi Me. Maria dans fon Commentaire ob-
ferve que les Auteurs ainfi que l'ufage ayant déterminé que l'action du rétrait étoit mixte, & que les proches qui vouloient s'en
fervir, pouvoient s'adreffer au poffeffeur de la pièce, & non pas au
premier acquereur, il eft inutile de lui donner la caution dont cet

Article

article parle , & que cela ne fe fait plus dans l'ufage. Cela marque bien qu'en Béarn un rétrayant peut être évincé après le rétrait,
par un plus proche , pourvû qu'il le demande dans le tems que ce
droit fubfifte encore.

Il n'y a rien de pareil dans la Coûtume de Soule ; elle fe borne
à établir le droit du rétrait lignager de la façon qu'on vient de
l'expliquer ; en forte que fi l'on étoit dans le cas où un des plus
proches en dégré voudroit expulfer un autre proche qui auroit ac-
quis , ou exercé le rétrait fur un acquereur étranger , on pourroit
lui contefter la légitimité de fon action & lui oppofer la maxime
générale fuivant laquelle , lignager fur l'ignager n'a point lieu.

Mais cette queftion n'eft pas de la caufe , & on n'auroit eu
garde d'en parler fi on n'y avoit été forcé par cette fauffe idée avan-
cée par l'Adverfaire que la Coûtume de Soule marque, d'une manière plus expreffe que les autres, l'affectation du rétrait lignager
au plus proche de la ligne. La feule queftion agitée dans cette
partie , eft fi le rétrait lignager peut être exercé fur des fonds
donnés à un légitimaire en payement de fes droits. L'Adverfaire
n'a pû contefter que dans la théze générale ce rétrait n'a point
lieu dans ce cas , il s'eft retranché à foutenir qu'on n'y étoit plus
à caufe de la conftitution pécuniaire faite à l'ayeul de l'Expofant
dans fon Contract de mariage , antérieur de fix mois au tranfport de la maifon dont il s'agit & au terme de vente employé
dans le Contract du 7. Novembre 1714.

Mais on a démontré par un nombre d'Arrêts que cette exception n'eft d'aucune valeur. Les Arrêts rendus pour le Béarn fur
ce point font auffi probants pour la Soule que pour le Béarn même , parce qu'à cet égard le droit de l'un pays n'eft pas différent
de celui de l'autre ; cela eft fondé fur des maximes également cer-
taines & inconteftables, l'une que le rétrait lignager n'a point
lieu fur les acquereurs qui font eux-mêmes de la ligne , fauf dans
les Coûtumes qui en ont difpofé autrement d'une manière expreffe , l'autre que les enfans font toûjours regardés comme co-héritiers chacun pour fa portion , il y auroit bien peu de cas où ce
privilège fait pour eux peut avoir lieu , fi la fixation des légitimes en argent devoient le faire ceffer , puifqu'il faut toûjours
commencer par cette fixation pour fçavoir ce qui leur eft dû.

Il y auroit trop à perdre pour la bonne doctrine fi l'on négli-
geoit de répondre à l'autorité de M. d'Argentré fur l'art. 73. de
la Coûtume de Brétagne , dont l'Adverfaire a cité la note feconde
au lieu de la quatrième , car c'eft dans celle-ci que fe trouve ce
qu'il en rapporte.

L'Auteur y décide véritablement, comme l'Adverſaire le dit, que lorſqu'un Proche qui auroit pû exercer le rétrai t lignager, préfére de faire un autre Contract, & d'acquérir à nouveau prix & à des nouvelles conditions, il doit de nouveaux lods & ventes.

On voit du premier coup d'œil combien cela eſt étranger à notre queſtion, & on ne ſçauroit trop s'étonner de l'uſage que l'Adverſaire a prétendu en faire, & d'autant plus que la ſuite de la même note ne peut ſervir qu'à le confondre. Après la décifion par lui ramenée, d'Argentré examine s'il en eſt de même dans le cas d'un partage d'hérédité ou de diviſion de choſes communes, & lorſqu'il y a ſoulte ou retour de partage, & même lorſque l'un des Co-partageans rachette les portions des autres en entier, & à prix d'argent, & il réſout que dans tous ces cas, il n'eſt point dû de lods & ventes; quoique, dit-il, toute diviſion contienne en ſoi une aliénation & une eſpèce de vente. *Sed*, dit-il, *ab eo de-nominationem actus recipit quod præcipuè & propter ſe geritur, nec ſi in conſequentiam aut incidenter, aut implicata, aliunde neceſſitate quidquam contingit, de alieno mutuari, id nomen imponit actui quod vulgo doctores notant*, il s'étend beaucoup enſuite ſur les divers cas où ſa doctrine doit être employée. Après quoi il propoſe une queſtion plus appropriée à la cauſe, il commence en ces termes, *ſubſequitur queſtio alia non minus operoſa, & multiplex.*

En l'expliquant, il propoſe le cas d'une dot conſtituée en deniers pour être employée à l'achat d'immeubles qui ſeroient propres à la femme, condition qui eſt, dit-il, d'un fréquent uſage, & il ſuppoſe que pour le payement de cette dot le Conſtituteur, Père, Oncle, ou autre, *quilibet etiam extraneus*, donne en payement une maiſon pour un prix certain, on demande là-deſſus ſi cela doit être regardé comme une vente. Il répond que cela ne l'eſt pas. *Sed ſimpliciter falſum eſt, & à voluntate, & intentione partium pendet, ut alibi diximus, & hic contrariam mentem fuiſſe contrahentium apparet, qui de venditione in matrimonio contrahendo cogitaſſe exiſtimari non debent, nec id conſilium eorum fuit, ſed in tantum, ut deſignato valore rei, quanti ea eſſet, non ignoraretur.*

Puiſque l'Adverſaire eſt allé chercher des autorités dans les déciſions rélatives aux droits de lods & ventes, on va ſuivre ſon exemple en citant Poquet de Livonniere dans ſon Traité des Fiefs liv. 3. chap. 6. ſect. 6. ſur la queſtion s'il eſt dû lods & ventes pour ſoulte ou retour des partages, ou autres accommodemens de famille.

Cette ſection eſt fort étendue, l'Auteur examine la queſtion dans diverſes hypothéſes. On a demandé; dit-il, à la page 231, s'il eſt dû lods & ventes lorſque les Co-héritiers traitant entr'eux d'une ſucceſſion commune , l'un d'eux s'accommode des parts & portions des autres , moyennant une ſomme d'argent & que les Parties ſe ſont ſervies des termes de vente, ceſſion , tranſport des droits ſucceſſifs , &c. Il obſerve que Dumoulin tient que dans ce cas les lods & ventes ſont dûs aux Seigneurs , & que d'Argentré ſur l'art. 73 , note 4ᵉ. (le même endroit que nous venons de citer) combat l'opinion de Dumoulin.

Il obſerve enſuite que la doctrine d'Argentré avoit reçu d'abord beaucoup de contradiction , mais qu'enfin elle a été embraſſée & autoriſée dans le dernier temps , dans l'eſpéce d'un Arrêt du 15 Décembre 1648 , les Parties s'étant ſervies du terme de vente , ceſſion & tranſport , qu'il y avoit une eſtimation particulière , un prix fixe , ce qui ſembloit porter le négoce au contract de vente , & que néanmoins le Seigneur de fiefs avoit été exclu des lods & ventes qu'il demandoit , & l'Auteur rapporte de ſuite un Arrêt conforme du Grand Conſeil du 21 Février 1692 , qui ſe trouve dans ſon ordre daté au ſecond volume du Journal du Palais.

On pourroit puiſer dans le même Ecrivain d'autres citations en nombre auſſi avantageuſes que celles-là , on ſe borne à une ſeule.

Elle eſt dans la ſection précédente du même chapitre & intitulée ; ſi la licitation donne ouverture aux droits des lods & ventes, l'Auteur obſerve à cet égard divers changemens de la Juriſprudence , & enfin que cette matière ayant été éclaircie & dévéloppée , on avoit jugé que des co-héritiers adjudicataires ne dévoient les lods & ventes ni pour leur part , ni pour celles des co-héritiers ; & que cela devînt une loi de coutume dont il fut fait un article qui entra dans la réformation de celle de Paris.

L'Auteur obſerve enſuite qu'on avoit fait là-deſſus d'autres queſtions , la première de ſçavoir ſi la diſpoſition de cet article devoit être étendue aux autres Coûtumes , qu'on avoit jugé ainſi par divers Arrêts , & que la raiſon de cette extenſion eſt , que l'art. 80 de la Coûtume de Paris eſt en ſoi très-équitable , & eſt fondé ſur les Arrêts de la Cour ; en ſorte qu'on en doit regarder la diſpoſition comme droit commun

On voit dans cette citation qu'on a fort abrégée pour ne pas trop ſurcharger cet ouvrage , la faveur à laquelle on a porté tout ce qui eſt fait dans l'objet de l'arrangement des familles , pour les exempter des droits caſuels & féodaux , d'où ſuit néceſſairement la conſéquence qu'on ne doit pas les regarder comme des aliénations capables de donner lieu au rétrait lignager , parce que celui-ci n'a lieu que dans les actes qualifiés juftement de vente ou équipollens à vente, tels que la dation en payement à des étrangers ou même à des proches hors le cas du payement des droits héréditaires ou fucceffifs, comme lorfqu'on dònne à un légitimaire des fonds en payement de fa légitime qui dans tous les pays font affranchis, tant des droits Seigneuriaux que du retrait lignager comme la Cour l'a jugé, tant de fois pour le Béarn, parce que, comme dit d'Argentré, dans ce cas, l'acte reçoit fa dénomination de fon objet principal qui eft le payement des droits de légitime.

On n'auroit pas befoin de répondre à la citation que l'Adverfaire a fait incidemment de Pothier dans fon traité des rétraits pag. 69 & 70, on y répondra néanmoins pour faire voir à l'Adverfaire qu'on a fait attention à tout.

Pothier cite Grimaudet pour fonder la maxime qu'il avance, qu'il y a lieu au rétrait au profit de la famille du mari, lorfqu'on a donné à la femme un héritage propre du mari en payement de fes deniers dotaux.

Cette règle eft indubitable & conforme à ce qu'enfeignent les autres Ecrivains, lorfque par le moyen de ce payement l'héritage doit fortir de la famille, comme cela arriveroit fi la femme n'avoit point d'enfans; mais Pothier feroit tombé dans une erreur groffière s'il avoit entendu donner cette règle pour avoir lieu lorfque la femme auroit des enfans du mari auquel l'héritage étoit propre, parce qu'alors on ne peut pas dire qu'il doive fortir de la ligne les enfans devant y fuccéder, plufieurs Coûtumes en contiennent une difpofition expreffe, notamment celle de Paris art. 155, & celle de Bordeaux art. 27. Il faut joindre au texte l'obfervation d'Automne Commentateur de lad. Coûtume au nombre 5°.

SECONDE QUESTION.

L'action en rétrait lignager n'étoit-elle pas prefcrite lorfque l'Adverfaire l'a intentée.

Cette action dure quarante-un ans en Soule; c'eft une prodigieufe durée, pour une action comme celle-là, regardée comme défavorable, & elle l'eft à jufte titre; cependant la Coûtume l'a établie il faut la refpecter; mais faut-il l'étendre au-delà? Telle eft la prétention de l'Adverfaire qui du premier coup d'œil doit paroître bien odieufe.

On a vu dans la narration que ce fut par le contrat du 7 Novembre 1714, que l'aïeul de l'Expofant devint propriétaire de la

maifon

maifon dont il s'agit, & c'eft en 1786 que l'Adverfaire témoigna le défir d'exercer le rétrait par une démarche fauffe ou irrégulière. C'eft ce qu'on établira ailleurs.

Quoiqu'il y eût à cette époque près de 82 ans accomplis de la poffeffion de l'Expofant, l'Adverfaire n'en foutient pas avec moins de courage fon action. Il prétend qu'elle fut renouvellée par l'acte du 14 Février 1745, qu'il regarde comme une nouvelle vente. Il n'eft point touché de la condition qui y eft inférée, que nonobftant cet acte, la prefcription de la maifon de Michelot courra de la date du contract du 7 Novembre 1714, fans aucune novation; il la regarde comme nulle & incapable d'empêcher le renouvellement de l'action du rétrait. Il cite au foutien de cette propofition la règle qui ne permet pas de faire des conventions préjudiciables au droit du rétrait lignager ou qui les rend inutiles. Il cite encore un Arrêt rendu par la Cour le 30 Mai 1722, par lequel cela avoit été ainfi jugé entre des Parties de Navarre; il prétend qu'il y en a un autre pour la Soule, du 14 Avril 1726, & un nombre de confultations.

On ne demandera pas de voir ces confultations; ce font des allégations fuperflues & inutiles; & quant aux Arrêts, on répétera ce qui a été déjà dit pour l'Expofant, qu'on doute fort qu'ils ayent été rendus dans le cas d'une convention, telle que celle qui eft dans le contract de 1745, qu'il n'y auroit pas de novation quant à la prefcription du rétrait ou de la maifon. L'Arrêt prétendu rendu pour la Soule eft même allégué fans aucune certitude.

Ce que l'Adverfaire a dit de plus raifonnable fur ce point eft que la convention contenue dans le contract de 1745, n'eft rélative qu'à la faculté de rachat originairement ftipulée; faculté qu'on pouvoit étendre ou reftreindre. L'Expofant ne l'entend pas autrement; il convient que les conventions que des contractans peuvent faire, font incapables de donner atteinte aux droits des proches concernant le rétrait lignager.

La grande difcuffion a été de fçavoir fi on doit regarder le contrat de 1745 comme une nouvelle vente, ou fi on doit le regarder fimplement comme rélatif, & laiffant fubfifter celui de 1714 dans fon entier à cet égard. Chaque partie a prétendu devant le premier Juge, avoir pour elle l'autorité de M. Tiraqueau; c'eft ce qu'il faut examiner encore.

Dans fon premier ouvrage en la Cour, l'Adverfaire qui ne trouvoit pas fon avantage dans cette difcuffion, l'avoit en quelque forte mife de côté, car après en avoir dit feulement deux mots; il prétend que le langage de ce grand Magiftrat, dans l'en-

D

droit qui avoit été cité pour l'Expofant, fe rapporteroit à la queftion, fçavoir, fi la faculté de rachat eft un obftacle ou non, à la prefcription du rétrait lignager, & ne trouvant pas mieux fon compte à traiter celle-ci que celle du renouvellement de la faculté de rachat qu'il a lui-même décidée à fon defavantage, il a encore mis de côté cette feconde queftion, pour paffer à celles de la formalité; mais fon nouveau Défenfeur, plus courageux, foutient que l'acte de 1745 doit être regardé comme un nouveau traité & une nouvelle vente qui par conféquent avoit renouvellé la faculté de rachat : il prétend encore que celle-ci a fait obftacle à l'exercice de rétrait lignager dont la prefcription n'a pû courir durant le temps de l'exiftence de la première action.

Ce font donc deux queftions qu'il faut traiter. Commençant par celle qui regarde la durée de la faculté conventionnelle, ne nous contentons pas d'oppofer à l'Adverfaire le jugement de fon premier défenfeur, qui a reconnu que cette faculté pouvoit également être étendue & reftreinte ou limitée.

Ce jugement en foi ne fait que rendre un des principes élémentaires du droit, qui rend obligatoires toutes les conventions des hommes qui n'ont rien de contraire aux bonnes mœurs ni aux Loix écrites, & fans doute qu'on ne prétendra pas que la faculté de rachat pour les vendeurs foit de droit public, & qu'on ne puiffe y rénoncer : il eft de règle au contraire qu'il faut une ftipulation pour en établir le droit ; par conféquent l'Adverfaire en faifant l'aveu rappellé ci-deffus, n'a fait que reconnoître un principe qui eft indubitable.

On a dit & cela eft vrai, que chaque Partie avoit allégué en fa faveur l'autorité de M. Tiraqueau, cette controverfe ne fubfifte plus, l'Adverfaire n'a point trouvé de réplique à ce que l'Expofant a dit dans fon écrit du 28 Mai 1787 pour faire voir que ce grand Auteur étoit contre lui ; il faut néanmoins ramener ou indiquer les endroits de fon ouvrage qui ont été employés.

Devant le premier Juge, l'Expofant avoit cité le nombre 128 de la glofe du traité de cet Auteur fur le rétrait lignager, où il eft queftion de la faculté de rachat refervée par le vendeur qui l'a vendue ou cédée à un tiers, & il eft très-clairement décidé que cela ne renouvelle pas le droit du rétrait lignager.

En la Cour, l'Adverfaire ayant oppofé à cette citation le nombre 54 de la glofe 18, l'Expofant la réfuta tant en en développant le vrai fens que par d'autres endroits du même Auteur qui fervent à détruire l'ufage que l'Adverfaire faifoit de celui qu'il avoit fait du premier. Cela, comme on l'a dit a terminé la controverfe , l'Expofant ne doit pas néanmions s'arrêter là , & il faut rapporter ici quelque chofe du texte de cet Auteur. C'eft affez d'en fupprimer une partie.

La queftion eft , comme on l'a vu , fi une augmentation de prix fait une nouvelle vente. Tiraqueau l'a traitée en particulier fur le titre du rachat conventionel. N. 167 & fuivans , & il fe décide pour la négative.

Tum etiam , dit-il , au nombre déjà indiqué : *quia fi id poftremum prétium datum fuiffet in fuplementum prioris , non tamen ex hoc intelligitur derogatum priori venditioni , nifi refpeʃtu hujus fuplementi, ea enim quæ faʃta funt caufa augendi jus , non debent inducere ipfius diminutionem , & diverfo quæ faʃta funt ad diminutionem augmentum non operantur.*

Il confirme de plus fort cette décifion dans les nombres fuivans : *ut fi vendidi tibi centum* , dit-il , au 168e, *deinde convenit ut huic prætio aliquid addatur vel minuatur certe manet prior contraʃtus , ET AB EO INCIPIT CURRERE USUCAPIO REI VENDITÆ.* Au 169e il s'exprime en des termes femblables rélativement à la chofe jugée.

Il avoit embraffé plufieurs cas dans ce dernier nombre , il déclare fon fentiment fur tout au 170e : *ego in eâ fum fententiâ* , dit-il , ... *non tamen quod in his noftris cafibus opus fit nova ufucapione pro rata pofterioris pretii , cum fit una eademque res quæfita ex priori contraʃtu , ut diʃtum eft.*

Voilà donc la queftion dont il s'agit clairement décidée , & fi clairement que l'Adverfaire n'a ofé répliquer. Il n'eft donc pas foutenable de fa part de prétendre que le droit du rétrait lignagner fe fût renouvellé pour lui par le contraʃt de 1745, il n'auroit eu rien à dire fi celui de 1714 avoit contenu un tranfport pur & fimple, il n'auroit pû alléguer que le droit du rétrait lignager, auquel toute aliénation d'immeubles avitins fait ouverture , bien entendu , lorfqu'elle eft faite à des étrangers de la famille ou à quelque proche; mais au pur titre de vente , ou de dation en payement capable de produire le même effet.

Quand donc on lui pafferoit que le rétrait lignager auroit pû être exercé fur le tranfport fait en 1714 à l'aïeul de l'Expofant ; ce droit auroit été prefcrit en 1755, comment peut - il donc prétendre d'avoir été à temps de l'exercer en 1786 ? La faculté de rachat ftipulée par le vendeur pour fon intérêt uniquement , & pour être préféré à tous les proches , s'il vivoit autant de temps que dure en Soule le rétrait lignager, ne peut pas profiter aux proches qui n'en font pas l'objet, puifque cette claufe n'eft faite qu'afin de pouvoir les exclure tous ; car on ne peut douter que ce ne fut l'intention de Michelot l'aîné, en faifant inférer cette claufe, fes enfans n'en ayant pas befoin, puifqu'ils étoient les premiers parmi les proches.

Mais l'Adverfaire a la reffource de dire que l'action du rétrait lignager ne commence à courir ou ne peut prefcrire qu'après que la faculté de rachat eft expirée ; c'eft la nouvelle queftion qu'il faut traiter maintenant.

TROISIEME QUESTION.

Sur un Contract d'aliénation à faculté de rachat, le délai pour exercer le rétrait lignager peut-il courir avant que celui de la faculté foit expiré?

On ne peut pas dire que cette queftion foit abfolument nouvelle, puifque l'Adverfaire allégue un Arrêt rendu dans la Coûtume de Navarre qui a jugé que le délai pour le rétrait lignager n'avoit commencé à courir que depuis l'expiration des 40 années, que les Etats de Navarre ont fait deux Réglemens conformes, & que le fecond a été homologué par la Cour.

Ces deux Réglemens qui font antérieurs à l'Arrêt cité par l'Adverfaire, rend ce préjugé inutile & fans aucune conféquence. Il n'y a point de réplique à faire quand la Coûtume d'un pays ou des Réglemens poftérieurs qui font un fupplément à la Coûtume, ont parlé, & ont expreffément décidé une queftion. Il faut de néceffité foufcrire à la décifion & l'obferver, mais l'autorité de chaque Coûtume étant renfermée dans fon territoire ; elle ne peut rien dans les autres.

La Coûtume de Béarn eft muette fur cette queftion, auffi bien que celle de Soule, & l'Adverfaire convient que dans la première il y a un Arrêt du 5 Septembre 1682, qui rejetta l'action du rétrayant qui prétendoit exercer le rétrait après l'expiration de la faculté du rachat conventionnel. C'eft donc là un grand préjugé contre le fyftème de l'Adverfaire fur cette queftion.

L'Adverfaire avoit juftement parlé dans fa première écriture, en difant que cette queftion étoit diverfement décidée par les Coûtumes. Voilà précifément la caufe de la controverfe des Auteurs, mais ce n'eft pas là précifément une controverfe que de tenir des opinions différentes fur des points que les Coûtumes ont réglé différemment, chacune ayant fon fondement fur la loi particulière du pays.

Quant aux Ecrivains étrangers, l'Adverfaire a mal cité M. Louet lettre R, fom. 46, qui traite une queftion différente, c'eft

Brodeau

Brodeau qu'il devoit citer, c'est lui qui dit effectivement que l'année du rétrait lignager n'a commencé à courir que du jour de la faculté de rémérer expirée ; mais il faut remarquer qu'il ne le dit qu'au sujet du ténement de cinq ans, c'est-à-dire d'une faculté bornée à ce temps, & il faut sur-tout faire attention à la dernière remarque qui est de Rousseau de Lacombe, où il dit, qu'à présent que la faculté de rémérer est prorogée jusqu'à trente ans s'il n'y a Sentence de déchéance, les Arrêts cités précédemment ne seroient point suivis, après les trente années, parce qu'après ce temps tout est prescrit. Pour entendre cette remarque il faut sçavoir où se rappeller, que par une jurisprudence particulière au Parlement de Paris, contraire à l'ancienne, toute faculté de rémérer stipulée pour un temps moindre que de trente ans, est prorogée jusques à ce terme, si l'acquereur ne fait rendre plutôt une Sentence de déchéance.

Ce n'étoit donc que relativement aux facultés de courte durée, & pour celles-là uniquement, qu'il avoit été décidé quelque fois que le temps du rétrait lignager ne commençoit à courir que du jour de la faculté de rémérer expirée, si toutefois on peut dire que cela eût été décidé dans des Coûtumes qui n'en contiennent pas une décision expresse, car on a remarqué que les Auteurs qui admettent cette exception, se fondent sur les décisions particulières & expresses des coutumes ; Lapeyrere cité par l'Adversaire est dans le cas, parce que la Coûtume de Bordeaux le décide ainsi par l'art. 15, & l'on n'a point trouvé absolument d'Arrêt qui admette le rétrait lignager après l'expiration de la faculté de rémérer, dans les Coûtumes qui ne contiennent pas une semblable disposition.

Voyons maintenant les Auteurs contraires, on doit mettre au premier rang Loisel dans ses Institutions coûtumières liv. 3, tit. 5, nom. 43. La faculté de rachat, dit-il, n'empêche point le cours du temps du rétrait, Laurière son Commentateur qui fit imprimer son ouvrage en 1710, ne fait qu'expliquer le texte sans aucune modification, & l'un ni l'autre ne fondent point cette règle sur quelque disposition particulière des Coûtumes, ils la donnent comme une règle générale fondée uniquement sur la raison naturelle, & sur ce qu'un droit comme celui de rétrait lignager ne sçauroit être renfermé dans des bornes trop étroites.

Bourjon dans son traité du droit commun de la France tit. du rétrait lignager, partie 1re, chap. 6, établit la même maxime au nombre 6, & cite Tiraqueau au tit. des retraits §. 1er, gl. 10, n. 42, il faut voir celui-ci.

E

S'il n'y a pas de l'erreur dans la citation elle n'eſt pas bien choi-
ſie, ce n'eſt pas qu'on ne pût trouver dans le nombre cité, ou
pour mieux dire dans les ſuivans, de quoi autoriſer la maxime;
mais cela feroit un grand travail & inutile, il vaut mieux paſſer
au titre du rétrait conventionnel paragraphe ſecond, qui ne contient qu'une ſeule gloſe, mais bien étendue, peut-être même un
peu trop, parce que la méthode de cet Ecrivain étoit de diſcuter
toutes les raiſons poſſibles pour & contre. Dans les trente - deux
premiers nombres il ramene toutes les raiſons qu'on peut donner
pour ſuſpendre le cours du temps du rétrait lignager, tandis que
la faculté de rachat ſubſiſte. Au trente-troiſième il énonce les autorités contraires, qui font courir le temps du rétrait lignager du
jour même du Contract ou du tranſport réellement exécuté. Il ſe
range dans ce parti au nombre trente-quatre en ces termes : *& hanc
partem (ut meum quoque interponam judicium) veriſſimam eſſe puto.
Nam hæc conſuetudo noſtra, ceteræ quæ ſimiles, retractum conſangui-
neorum inducentes, loquuntur ſimpliciter de contractu venditionis, aut
de venditione, hoc ſcilicet modo, ut liceat conſanguineo venditoris, intra annum à venditione, ſive contractu venditionis, vel poſt venditio-
nem, retrahere rem venditam, reſtituto ejus venditionis pretio. Hæc
autem venditio eſt, et ea quidem perfecta, abſoluta,
et ſummata omnibus numeris, præſertim ſi ad traditio-
nem proceſſum ſit, nonobſtante eo pacto.*

Au nom. 36 il s'exprime ainſi : *ſed & veritas ejus rei, multo il-
luſtrior fiet agitatis & diſcuſſis rationibus & argumentis contra hanc ſen-
tentiam adductis.* Après cela, il réfute toutes les raiſons oppoſées
qu'il avoit expliquées précédemment. On peut ajouter Pothier
pag. 121 de ſon traité, qui après avoir dit que les ventes faites ſous
une condition ſuſpenſive ne font pas ouverture au rétrait juſqu'à
l'accompliſſement de la condition, décide que lorſque la condition n'eſt que réſolutoire, la vente étant en ce cas parfaite; il n'eſt
pas douteux qu'elle donne ouverture au rétrait, car le pacte de
rachat n'eſt autre choſe qu'une condition réſolutoire.

L'Adverſaire n'a donc pas pour lui la pluralité des ſuffrages parmi les Auteurs, il peut encore moins ſe faire un moyen particulier de la diſpoſition ou de l'eſprit de la Coûtume de Soule.

Il eſt vrai, que cette Coûtume favoriſe extrêmement les proches
par la durée qu'elle donne au rétrait lignager, mais cela même eſt
une raiſon pour la borner étroitement dans ſa déciſion, & quand
il ſeroit paſſé en maxime dans les autres Provinces du Royaume,
où le rétrait lignager ne dure qu'un an & un jour, que ce court
délai ne commenceroit à courir que du jour de l'expiration de la

faculté de rachat, il faudroit en juger autrement en Soule, à caufe de l'immenfe durée que la Coûtume lui donne. Quarante-un ans,
c'eft une efpèce d'éternité : fi à la faculté de rachat ftipulée pour
un pareil temps, on ajoutoit celui-là, ce feroit près d'un fiècle,
& fi fuivant l'idée de l'Adverfaire la faculté de rachat étoit dou-
blée par une augmentation de prix, le droit du rétrait lignager
feroit perpétué encore pour quarante-un ans de plus.

Or la raifon naturelle, & la raifon de droit ne permettent pas
que la propriété des domaines demeure fi long-temps dans l'in-
certitude. C'eft affez & même de beaucoup trop que cette Coûtume, par un attachement outré à la confervation des biens avitins dans les familles, & contraire au véritable intérêt de ces familles mêmes, ait porté au-delà de quarante ans un droit qui
par tout ou prefque par tout ailleurs, ne dure qu'un an & un jour.
Les Jurifconfultes Romains fi profonds dans la connoiffance du
droit avoient borné à trente ans la durée des actions perpétuel-
les, & l'Adverfaire voudroit porter à près d'un fiècle, & même
au-delà, par les conféquences, une action que cette Coûtume
extraordinaire a fixée à quarante-un ans ; on ne craint pas de dire
que cette prétention révolte le bon fens & la raifon naturelle.

Il n'y a point de conféquence avantageufe pour l'Adverfaire à
tirer de l'exemple de la Navarre. Au moins dans celle-ci la faculté de rachat ftipulée par les Contracts de vente eft bornée à quarante ans, quand elle auroit été accordée pour un plus long-temps,
& le rétrait lignager n'y dure qu'un an, or, comme on l'a remarqué dans fon lieu, les Coûtumes n'ayant d'autorité chacune
que dans fon territoire, cela ne peut être allégué ni tirer à conféquence dans les autres Coûtumes.

QUATRIEME QUESTION.

*Suppofant la faculté de rachat renouvellée par l'acte du 5
Novembre 1745, & en conféquence le droit du rétrait
lignager auffi renouvellé, l'offre de l'Adverfaire feroit-
elle régulière & fa confignation faite dans le temps utile?*

C'eft fans doute inutilement qu'on traitera cette queftion, puifqu'on a fi bien prouvé que l'acte de 1745 ne renouvella point la
faculté de rachat, & que le terme pour l'exercice du rétrait lignager, auroit commencé à courir du jour même du Contract du
7 Novembre 1714, fi la nature de cet acte, ou le tranfport qu'il
contient, avoit été fufceptible de l'exercice de ce droit, mais la

queftion a été agitée, & il eft néceffaire de réfuter ce que l'Adverfaire a dit contre les obfervations par lefquelles on a établi
que fa procédure eft irrégulière.

Ici on doit commencer par réfuter un reproche que l'Adverfaire fait à l'Expofant, en difant qu'il avoit eu la penfée d'exercer
bien plutôt fon action, que l'Expofant, reconnoiffant qu'elle étoit
légitime, avoit fait femblant de vouloir s'exécuter de bonne gra-
ce, & étoit entré avec fa mere en négociation pour conferver la
maifon, au moyen d'une fomme d'argent & du tranfport d'une
pièce de terre, mais qu'ils n'avoient eu en vue dans cette négociation que de l'endormir & de faire ainfi écouler le temps du
rétrait.

Quand il n'y auroit que ce que l'Adverfaire dit, ce feroit là
une allégation en pure perte, parce que ç'auroit été à lui, fi la négociation ménoit trop loin, d'avifer de ne pas tomber dans le cas
de l'extinction de fon droit, & de le conferver en faifant les actes
néceffaires pour cela dans le temps utile, fans rompre la négociation, ou fous la referve d'y revenir, fi l'on faifoit des offres qui
paruffent raifonnables; mais il y a autre chofe que ce qu'il a dit,
& l'Expofant efpère qu'au lieu d'en prendre une impreffion dé-
favantageufe pour lui, la Cour jugera qu'il faut que l'Adverfaire
foit, non-feulement un homme déraifonnable, mais un vrai ty-
ran de n'avoir pas accepté les offres qu'il dit lui avoir été faites.

La première chofe qui fe paffa entre les Parties depuis que
l'Adverfaire eût manifefté l'idée d'exercer le rétrait, fut un arbi-
trage fur les lieux, par lequel il fût jugé que fa prétention n'étoit
pas admiffible, tant parce que le Contract de 1714 ne devoit pas
être confidéré comme une vente, mais comme un acte qui avoit
la valeur ou l'effet d'un partage, que parce que l'augmentation
du prix accordé en 1745 n'auroit pas prorogé le temps du rétrait.

Nonobftant cette décifion que l'Adverfaire n'a jamais contredit, il eût l'injuftice, peut-on dire, de perfécuter l'Expofant & fa
mere, pour lui accorder une augmentation de prix : car c'eft lui
qui fût toujours après eux, pour gagner autant qu'il le pourroit;
l'Expofant & fa mere auffi éloignés des procès que l'Adverfaire
avoit de cupidité, lui firent une offre dont tout autre auroit été
plus que fuffifant, car on peut l'évaluer à 600#, d'après ces difpofitions pour l'éloignement des conteftations, l'Adverfaire ima-
gina apparemment qu'il obtiendroit mieux en engageant le procès, c'eft à quoi il fe détermina, mais trop tard, fi fon droit eût
été bon.

On a vu dans la narration que fa première démarche fut une

Requête.

Requête préfentée le 8 Février 1786 devant le premier Juge, tendante à lui permettre de faire fommer l'Expofant de lui faire l'exhibition de fes titres dans trois jours, &c.

Pour établir que cette démarche eſt irrégulière, l'Expofant a employé l'art. 17 de la Coûtume rub. des ajournemens qui porte, que nul homme ne doit être ajourné ni convoqué en Juſtice pour caufe de fonds de terre, fi ce n'eſt précédente Requête, c'eſt-à-dire, réquifition de neuf jours devant l'ajournement, de lui délaiſſer ou rendre la chofe que le réquerant entend demander en Juſtice. Or c'eſt à quoi l'Adverfaire a manqué & qui eſt établi par fa Requête même.

Il prétend éluder ce moyen en alléguant d'abord, que l'article cité n'eſt fait que pour les ajournemens en matière ordinaire, & en fecond lieu, qu'un ajournement même nul ou devant un Juge incompétent interrompt la prefcription, & par un renverfement de l'ordre il a commencé par traiter ce dernier moyen.

C'eſt un langage nouveau & bien étrange au Palais, que d'entendre qu'un acte nul puiſſe fervir dans l'exercice du rétrait lignager, puifqu'il n'y a pas de livre qui en traite, où l'on ne trouve que tout eſt de rigueur dans cette matière, que tout ce qui eſt prefcrit par les Coûtumes, chacune dans fon territoire : *ad unguem debent obfervari, atque qui cadit à fyllaba, cadit à toto.*

S'il y avoit un Arrêt qui jugeât que l'affignation donnée en cette matière devant un Juge incompétent, ne laiſſe pas d'interrompre la prefcription, il feroit contraire au principe fuivant lequel tout ce qui eſt fait devant un Juge incompétent eſt nul, & incapable d'interrompre la prefcription, & Lapeyrere qui eſt l'Auteur favori de l'Adverfaire dit fous la lettre R, nom. 171, dit que l'an du rétrait court fi l'affignation eſt donnée devant un Juge incompétent.

La citation de Pothier dans ce même traité page 243 & 244 ne feroit pas plus utile à l'Adverfaire, s'il avoit été à tems d'exercer le rétrait, lorfqu'il donna fa Requête devant le premier Juge. On convient que toute forte de défauts ne font pas annuller les ajournemens, tels font ceux que Pothier remarque dans l'endroit cité, ces défauts pouvant être couverts ou réparés, mais bien entendu que le terme du rétrait n'expire pas avant que ces chofes foient remifes au point de la régle, c'eſt-à-dire pourvû que ce que les Coûtumes ont prefcrit, foit rempli dans un tems utile.

L'Adverfaire qui veut n'avoir pas été aſſujetti à donner à l'Expofant le délai de neuf jours prefcrit par l'art. 17. du titre d'ajournement, pour examiner s'il devoit déférer à la demande du rétrait ou non , eſt en cela contraire à lui-mème; puiſqu'il en avoit reconnu la néceſſité par ſa Requête du 8. Février en demandant une prorogation du délai, ou pour mieux dire de l'abréger , en lui permettant de faire la ſommation à trois jours.

Ne comptant pas ſur l'abbréviation qu'il obtint par ſurpriſe , quoiqu'il la ſoutienne , il a hazardé cette nouvelle propoſition que l'art. 17. de la Rubr. des ajournemens ne s'applique qu'aux ma- tières ordinaires & purement réelles ; ſur quoi il obſerve , d'a- près Pothier , que l'action en rétrait eſt mixte, c'eſt - à-dire per- ſonnelle & réelle en même tems , que l'art. 1. de la Rub. de recu- bris donne au rétrayant quarante-un an conſécutifs pour exercer ſon rétrait , que le dernier moment de cet eſpace de tems eſt auſſi utile que le premier ; ce qui ne ſeroit pas s'il falloit l'anticiper de neuf jours ; enfin l'Adverſaire ajoûte que s'il falloit recourir à un autre titre de la Coûtume que celui des rétraits , ce ſeroit à celui des preſcriptions qui déclare qu'il n'y en a point , ſi la poſſeſſion n'a duré 41 ans ſans trouble , duquel l'Adverſaire conclut que l'expoſant n'a point eu cette poſſeſſion paiſible ou pacifique que la Coûtume exige , pour que la preſcription ſoit accomplie.

Voici la réplique.

Oui l'action en rétrait lignager eſt mixte , ou regardée comme telle dans la plûpart des Coûtumes du Royaume ; mais ſeulement à l'effet de devoir aſſigner l'acquereur ou le poſſeſſeur devant les Juges de ſon domicile , mais dans le fonds, elle eſt eſſentiellement réelle , puiſqu'elle n'eſt donnée que pour raiſon d'immeubles dont on demande le délaiſſement. Cela fut bien nettement décidé par l'Arrèt que M. Louet rapporte lettre R ſom. 51. qui jugea qu'on devoit faire les offres conformément à la Coûtume du lieu où les biens ſont ſitués ; par la raiſon que les ſolemnités réquiſes au ré- trait lignager : *rem afficiebant , rem ipſam ſequebantur.*

C'eſt de la preſcription dont il s'agit au titre ainſi intitulé , qu'il faut dire que cette citation eſt oiſeuſe & étrangère à la cauſe , puiſque dans celle-ci il eſt queſtion d'un rétrait lignager qui a ſes régles particulières , & dont l'Adverſaire doit être déclaré déchû, en ſuppoſant même qu'il en eût le droit ; s'il n'a pas rempli à la lettre tout ce que la Coûtume exige dans l'exercice de cette action.

Il n'en eſt pas de même de la diſpoſition de l'art. 17. du titre des ajournemens , cet article fait une loi générale pour toutes les actions qui ont pour objet des fonds ou des immeubles : il ne fait aucune diſtinction des cauſes de la demande ; il ſuffit qu'elle porte fur un immeuble pour que le demandeur ne puiſſe ſe diſpenſer de propoſer ſa demande par une ſommation neuf jours avant que de la porter en juſtice. L'art. 1. de la Rubr. de Recrubis établit le droit du rétrait lignager, ſa durée & ce qu'il faut remplir dans le délai preſcrit pour le propoſer avec ſuccès ; mais il ne dit rien ſur la manière de porter l'action en juſtice. Pourquoi ? Cela eſt bien évident, c'eſt parce que l'art. 17. de la Rub. des ajournemens, dont la diſpoſition eſt générale, y avoit pourvu, en décidant qu'aucune action pour cauſe d'immeubles ne pourroit être portée en juſtice, que préalable réquiſition, ou ſommation faite neuf jours à l'avance.

Il eſt frivole de dire que dans ce cas les proches n'auroient pas le terme de 41 ans que la Coûtume leur donne pour exercer le rétrait. Dans tout le reſte du Royaume, cette action ne dure qu'un an & un jour ; avec cela il y a nombre de Coûtumes qui exigent que l'aſſignation pour comparoître devant le Juge tombe dans le délai même, & cela doit être obſervé dans ces Coûtumes à peine de déchéance. Pothier qui a fait quelque détail des choſes qui ſont de rigueur dans l'exercice du rétrait lignager a oublié ce point, mais l'Adverſaire le trouvera s'il veut en faire vérification dans l'inſtitution au Droit François par Argou liv. 2. ch. 8. & dans Louet & Brodeau ſom. 52.

Ainſi dans le cas où il ſe trouvoit, & en ſuppoſant toûjours qu'il avoit le droit du rétrait lignager, il auroit dû faire ſon acte de réquiſition neuf jours avant le dernier de la 41e. année, & pour mieux aſſurer ſon coup, faire alors l'exhibition réelle, pour pouvoir faire la conſignation dans le tems utile.

Mais le premier Juge ne pouvoit-il abréger le délai ? L'Adverſaire l'a prétendu devant le premier Juge ; mais il le ſoûtient bien foiblement en la Cour, il cite ſeulement à l'apui de cette propoſition Lapeirere lettre R. n°. 134, qui n'en dit pas un mot dans ce nombre & on a parcouru toute la lettre R. ſans le trouver.

Cela eſt en effet inſoûtenable pour les délais réglés par les Coûtumes, principalement pour les rétraits dans leſquels tout eſt de rigueur, ainſi qu'on le trouve dans tous les livres d'où eſt venuë la maxime que *qui cadit à Syllaba cadit à tota* ; il n'y a que certains délais de l'ordre judiciaire & ſeulement dans les matières proviſoires & autres privilégiées où il y auroit du péril dans la demeure qui puiſſent être abrégés, ainſi que l'ont obſervé Rodier & Jouſſe ſur le titre 3e. de l'Ordonnance de 1667, ce péril dont il eſt queſtion ne peut pas regarder l'expiration du terme d'un rétrait. Cela ſeroit abſurde, puiſque ce ſeroit prolonger ce terme au préjudice du poſſeſſeur contre la Loi ſi ſtricte de la Coûtu-

me. Si cela étoit permis aux Juges , ils auroient en quelque for-
té plus d'autorité que le Roi qui ne dispense point de l'observa-
tion des Coutumes. *Princeps contrà consuetudinem non restituit*, dit
Dumoulin sur la Coûtume de Paris , §. 13. Gl. 3. N. 5. & une autre raison contre cette pratique est que la restitution n'est intro-
duite que pour ceux qui reçoivent de la perte & du dommage
en leur patrimoine & non pour ceux qui veulent profiter. C'est la
même raison qui fait courir le tems du retrait contre toute sorte
de personnes ; Mineurs , Pupilles , Imbéciles , Furieux & autres ,
sans aucun espoir de restitution.

Si la proposition de l'Exposant en ce point est indubitable ,
comme on se flatte de l'avoir démontré , tout ce que l'Adversaire a fait est nul par une conséquence nécessaire , puisqu'au lieu
de neuf jours qu'il devoit donner à l'Exposant avant que de le
faire assigner , il ne lui en a donné que quatre.

Mais encore la sommation eût-elle été faite à propos , l'Adversaire seroit dans le cas d'être renvoyé par fin de non-recevoir ,
n'ayant point fait la consignation dans les 41 ans , même en partant
comme il le fait du Contract du 14. Février 1745 , puisqu'il ne
la fit que le 14. Février 1786.

Il prétend le contraire fondant sur deux moyens ; le premier
que le tems du retrait ne doit se compter que du jour de l'insinuation du Contract qui ne fut faite que le 25 Février 1745 ; le second que dans l'an & jour du retrait , on ne doit compter ni le jour
du Contract ni celui de l'assignation suivant Lapeyrere Lettre R.
N. 184. & Pothier page 203 & 204. La réplique est aisée.

C'est très-mal à propos que l'Adversaire parle ici d'insinuation,
quand la Coûtume de Soule n'en parle pas , ce n'est que dans celles qui ont marqué que le délai ne commencera à courir que de
cette époque que cette allégation peut être admise ; en cette matière plus qu'en toute autre c'est uniquement la Coûtume du lieu
qu'il faut consulter ; c'est la Loi unique.

Lapeyrere n'a pas authorisé sa proposition aussi bien que l'Adversaire le suppose ; d'un côté il déclare lui-même au N°. 184.
qu'Automne (Commentateur de la Coûtume de Bordeaux) est
d'un sentiment contraire. Cela est d'autant plus digne d'attention ,
que l'Adversaire veut que parce que la Soule a été long-tems du
Parlement de Bordeaux , sa Jurisprudence soit d'un grand poids
dans la cause , d'autre part Lapeyrere se contredit ou il est contredit par un Annotateur au N°. 195. en déclarant qu'en retrait lignager le terme court de moment en moment.

On a eu grand tort de citer à cet égard Pothier pour l'Adversaire ; à le bien examiner il est contre lui , puisque parlant d'après

les

Coutumes de Paris & d'Orléans, où le terme pour le rétrait est d'an & jour ; il pose l'espèce d'un contract passé le 1er Mai & insinué le même jour (parce que dans ces Coûtumes le délai du rétrait ne court que du jour de l'insinuation) & il décide que dans ce cas la famille a le 1er Mai de l'année suivante ; mais non pas le second ; & pourquoi a-t-elle le 1er. Mai ? C'est parce que ces Coûtumes donnent un jour au-dessus de l'année.

Voilà donc la fameuse question, pour s'exprimer comme l'Adversaire, *an dies termini computetur in termino*, décidée contre son système, par l'Auteur qu'il a choisi lui-même pour l'autoriser, il n'auroit pû la décider autrement sans fronder les Auteurs les plus graves & du plus grand poids que nous ayons. M. Tiraqueau l'avoit traitée dans divers endroits de son ouvrage. Les plus clairs & les plus précis sont aux nombres 24 & 28 de la Glose 11, §. 1re. Le premier s'exprime ainsi : *Ut puta si in casu nostræ consuetudinis diceretur , quod consanguineus admittitur intra annum à venditione sive notificatione venditionis : tunc enim computaretur tempus de momento ad momentum, ut scilicet incipere ab ipsa venditione vel notificatione ipsius.* On ne doit pas transcrire ce qui est dit au nombre 28°, c'est la même décision.

DUMOULIN dans son Commentaire sur la Coutume de Paris, art. 7, dit la même chose presque en mêmes termes, & encore plus fortement : *Hoc est vulgare in Jure , tempus DE MOMENTO AD MOMENTUM debere COMPUTARI , nisi de contrario doceatur.* Il en fait ainsi une règle générale.

On pourroit citer encore M. CUJAS & d'autres Ecrivains ; mais on les omet pour abréger, & l'on se borne à rappeler la Loi 15 , ff. *de divers. temp. præsc.* , dont le texte est celui-ci : *In usucapione ita servatur ut etiam si minimo momento novissimi diei possessa sit res , nihilominus repleatur usucapio , NEC TOTUS DIES EXIGITUR AD EXPLENDUM CONSTITUTUM TEMPUS.*

Ainsi & d'après toutes ces décisions, le droit du rétrait lignager eût-il subsisté en 1786, & l'Adversaire n'eût-il pas été assujetti par la Coûtume à faire précéder son instance par une sommation précédente de neuf jours, il seroit déchu du rétrait par la seule raison qu'il ne fit sa consignation que le 14 Février, par conséquent le lendemain de l'expiration du terme prescrit par la Coûtume.

On l'a déjà dit, tout est de rigueur dans la matière du rétrait lignager : il faut venir dans le terme que la Coûtume a réglé & accomplir à la lettre tout ce qu'elle a prescrit. Pothier que l'Adversaire a cité , & d'Argou que nous avons cité , & généralement tous les Auteurs qui ont écrit là-dessus, le mettent en principe,

G

jufques là que l'omiſſion de quelqu'un des mots employés dans les Coûtumes a cauſé la déchéance de pluſieurs rétrayans ; on le voit dans ces Ecrivains, & plus en détail dans M. Louet & fon Commentateur, lettre R, fom. 52.

RÉSOMPTION.

On n'y obſervera pas l'ordre des queſtions.

On vient de prouver que l'action du rétrait eût-elle appartenu à l'Adverſaire dans le temps qu'il a prétendu l'intenter, il en feroit déchu, tant pour n'avoir pas fait précéder fon aſſignation d'une fommation faite neuf jours par avance, que pour n'avoir conſigné qu'après l'expiration du terme ; mais c'eſt bien pis, ſi cette action ne lui compétoit pas d'aucune manière.

Or il n'avoit pas l'action du rétrait conventionnel ſtipulé par l'acte du 1er. Novembre 1714, qui étoit éteinte depuis pareil jour de l'année 1755, parce qu'au lieu de proroger cette faculté par l'acte du 14 Février 1746, il fut expreſſément convenu au contraire, qu'elle ne feroit pas prorogée, & que celle qui étoit acquiſe par le premier contract continueroit fon cours, & qu'en fait de conventions qui ne font pas contraires aux Loix ni aux bonnes mœurs, ce font elles feules qui font la Loi entreles Parties.

L'Adverſaire n'avoit pas non-plus l'action du rétrait lignager par pluſieurs raiſons : il n'a point lieu dans les tranſports qui font faits en payement des droits de légitime, quelques expreſſions qu'on ait employé en les faiſant, ni même dans les ſimples ventes faites à des proches qui font de la ligne, à moins que la Coûtume ne le donne par une diſpoſition expreſſe à ceux qui font plus proches que l'acquereur.

Enfin ce droit eût-il pû appartenir à l'Adverſaire, il ſe feroit éteint en même-temps que la faculté de rachat ſtipulée par fon aïeul, parce qu'à l'exception des Coûtumes qui en ont expreſſément ordonné autrement, cette faculté n'eſt pas un obſtacle à l'exercice du rétrait lignager dont le terme court durant le temps même de cette faculté.

Chacun de ces moyens eſt déciſif & triomphant pour l'Expoſant.

Par ces raiſons il perſiſte dans les concluſions qu'il a déjà priſes.

Monſieur DE   *Rapporteur.*

Me. PERSILHON, Avocat.

Me. HOURCADE, Procureur.

A PAU, de l'Imprimerie de J. P. VIGNANCOUR, Imprimeur du Roi & du Parlement, près des Cordeliers 1787.